DANKBARKEITS
TAGEBUCH
FÜR MÄNNER

Dieses Buch gehört:

Menschen für die ich dankbar bin...

Das macht mich besonders glücklich...

Dieser Spruch bedeutet
viel für mich....

Weil:

Heute bin ich
dankbar

DATUM

___/___/___

1
2
3
4

Heute bin ich
dankbar

DATUM

___/___/___

1
2
3
4

Heute bin ich
dankbar

DATUM

___/___/___

1
2
3
4

Heute bin ich
dankbar

DATUM

___/___/___

1
2
3
4

Heute bin ich dankbar

DATUM

___/___/___

1

2

3

4

Heute bin ich dankbar

DATUM

___/___/___

1

2

3

4

Heute bin ich dankbar

DATUM

___/___/___

1

2

3

4

Das hätte diese Woche besser laufen können...

Das war mein Highlight diese Woche...

Heute bin ich dankbar

DATUM
__/__/__

1
2
3
4

Heute bin ich dankbar

DATUM
__/__/__

1
2
3
4

Heute bin ich dankbar

DATUM
__/__/__

1
2
3
4

Heute bin ich dankbar

DATUM
__/__/__

1
2
3
4

Heute bin ich dankbar

DATUM

__ / __ / __

1
2
3
4

Heute bin ich dankbar

DATUM

__ / __ / __

1
2
3
4

Heute bin ich dankbar

DATUM

__ / __ / __

1
2
3
4

Das hätte diese Woche besser laufen können...

Das war mein Highlight diese Woche...

Heute bin ich dankbar

DATUM
___/___/___

1
2
3
4

Heute bin ich dankbar

DATUM
___/___/___

1
2
3
4

Heute bin ich dankbar

DATUM
___/___/___

1
2
3
4

Heute bin ich dankbar

DATUM
___/___/___

1
2
3
4

Heute bin ich
dankbar

DATUM

__ / __ / __

1
2
3
4

Heute bin ich
dankbar

DATUM

__ / __ / __

1
2
3
4

Heute bin ich
dankbar

DATUM

__ / __ / __

1
2
3
4

Das hätte diese Woche besser laufen können...

Das war mein Highlight diese Woche...

Heute bin ich dankbar

DATUM

___/___/___

1
2
3
4

Heute bin ich dankbar

DATUM

___/___/___

1
2
3
4

Heute bin ich dankbar

DATUM

___/___/___

1
2
3
4

Heute bin ich dankbar

DATUM

___/___/___

1
2
3
4

Heute bin ich
dankbar

1

2

3

4

DATUM

___/___/___

Heute bin ich
dankbar

1

2

3

4

DATUM

___/___/___

Heute bin ich
dankbar

1

2

3

4

DATUM

___/___/___

Das hätte diese Woche besser laufen können...

Das war mein Highlight diese Woche...

Menschen für die ich dankbar bin...

Das macht mich besonders glücklich...

Dieser Spruch bedeutet
viel für mich....

Weil:

Heute bin ich
dankbar

DATUM

___/___/___

1
2
3
4

1
2
3
4

Heute bin ich
dankbar

DATUM

___/___/___

Heute bin ich
dankbar

DATUM

___/___/___

1
2
3
4

1
2
3
4

Heute bin ich
dankbar

DATUM

___/___/___

Heute bin ich dankbar

DATUM

___/___/___

1
2
3
4

Heute bin ich dankbar

DATUM

___/___/___

1
2
3
4

Heute bin ich dankbar

DATUM

___/___/___

1
2
3
4

Das hätte diese Woche besser laufen können...

Das war mein Highlight diese Woche...

Heute bin ich dankbar

DATUM

__/__/__

1
2
3
4

Heute bin ich dankbar

DATUM

__/__/__

1
2
3
4

Heute bin ich dankbar

DATUM

__/__/__

1
2
3
4

Heute bin ich dankbar

DATUM

__/__/__

1
2
3
4

Heute bin ich dankbar

DATUM

__/__/__

1

2

3

4

Heute bin ich dankbar

DATUM

__/__/__

1

2

3

4

Heute bin ich dankbar

DATUM

__/__/__

1

2

3

4

Das hätte diese Woche besser laufen können...

Das war mein Highlight diese Woche...

Heute bin ich dankbar

DATUM
__/__/__

1
2
3
4

Heute bin ich dankbar

DATUM
__/__/__

1
2
3
4

Heute bin ich dankbar

DATUM
__/__/__

1
2
3
4

Heute bin ich dankbar

DATUM
__/__/__

1
2
3
4

Heute bin ich dankbar

DATUM

___/___/___

1

2

3

4

Heute bin ich dankbar

DATUM

___/___/___

1

2

3

4

Heute bin ich dankbar

DATUM

___/___/___

1

2

3

4

Das hätte diese Woche besser laufen können...

Das war mein Highlight diese Woche...

Heute bin ich dankbar

DATUM __/__/__

1
2
3
4

Heute bin ich dankbar

DATUM __/__/__

1
2
3
4

Heute bin ich dankbar

DATUM __/__/__

1
2
3
4

Heute bin ich dankbar

DATUM __/__/__

1
2
3
4

Heute bin ich dankbar

DATUM ___ / ___ / ___

1

2

3

4

Heute bin ich dankbar

DATUM ___ / ___ / ___

1

2

3

4

Heute bin ich dankbar

DATUM ___ / ___ / ___

1

2

3

4

Das hätte diese Woche besser laufen können...

Das war mein Highlight diese Woche...

Menschen für die ich dankbar bin...

Das macht mich besonders glücklich...

Dieser Spruch bedeutet
viel für mich....

Weil:

Heute bin ich dankbar

DATUM

__/__/__

1
2
3
4

1
2
3
4

Heute bin ich dankbar

DATUM

__/__/__

Heute bin ich dankbar

DATUM

__/__/__

1
2
3
4

1
2
3
4

Heute bin ich dankbar

DATUM

__/__/__

Heute bin ich dankbar

DATUM
__ / __ / __

1
2
3
4

Heute bin ich dankbar

DATUM
__ / __ / __

1
2
3
4

Heute bin ich dankbar

DATUM
__ / __ / __

1
2
3
4

Das hätte diese Woche besser laufen können...

Das war mein Highlight diese Woche...

Heute bin ich dankbar

DATUM

__/__/__

1
2
3
4

1
2
3
4

Heute bin ich dankbar

DATUM

__/__/__

Heute bin ich dankbar

DATUM

__/__/__

1
2
3
4

1
2
3
4

Heute bin ich dankbar

DATUM

__/__/__

Heute bin ich dankbar

DATUM

__ / __ / __

1

2

3

4

Heute bin ich dankbar

DATUM

__ / __ / __

1

2

3

4

Heute bin ich dankbar

DATUM

__ / __ / __

1

2

3

4

Das hätte diese Woche besser laufen können...

Das war mein Highlight diese Woche...

Heute bin ich dankbar

DATUM

___/___/___

1

2

3

4

Heute bin ich dankbar

DATUM

___/___/___

1

2

3

4

Heute bin ich dankbar

DATUM

___/___/___

1

2

3

4

Heute bin ich dankbar

DATUM

___/___/___

1

2

3

4

Heute bin ich
dankbar

1

2

3

4

DATUM

___ / ___ / ___

1

2

3

4

Heute bin ich
dankbar

DATUM

___ / ___ / ___

Heute bin ich
dankbar

1

2

3

4

DATUM

___ / ___ / ___

Das hätte diese Woche besser laufen können...

Das war mein Highlight diese Woche...

Heute bin ich dankbar

1
2
3
4

DATUM
___/___/___

Heute bin ich dankbar

1
2
3
4

DATUM
___/___/___

Heute bin ich dankbar

1
2
3
4

DATUM
___/___/___

Heute bin ich dankbar

1
2
3
4

DATUM
___/___/___

Heute bin ich
dankbar

DATUM
___/___/___

1
2
3
4

Heute bin ich
dankbar

DATUM
___/___/___

1
2
3
4

Heute bin ich
dankbar

DATUM
___/___/___

1
2
3
4

Das hätte diese Woche besser laufen können...

Das war mein Highlight diese Woche...

Menschen für die ich dankbar bin...

Das macht mich besonders glücklich...

Dieser Spruch bedeutet
viel für mich....

Weil:

Heute bin ich dankbar

DATUM
__/__/__

1
2
3
4

1
2
3
4

Heute bin ich dankbar

DATUM
__/__/__

Heute bin ich dankbar

DATUM
__/__/__

1
2
3
4

1
2
3
4

Heute bin ich dankbar

DATUM
__/__/__

Heute bin ich dankbar

DATUM
___ / ___ / ___

1
2
3
4

Heute bin ich dankbar

DATUM
___ / ___ / ___

1
2
3
4

Heute bin ich dankbar

DATUM
___ / ___ / ___

1
2
3
4

Das hätte diese Woche besser laufen können...

Das war mein Highlight diese Woche...

Heute bin ich dankbar

DATUM
__/__/__

1
2
3
4

Heute bin ich dankbar

DATUM
__/__/__

1
2
3
4

Heute bin ich dankbar

DATUM
__/__/__

1
2
3
4

Heute bin ich dankbar

DATUM
__/__/__

1
2
3
4

Heute bin ich
dankbar

DATUM

___/___/___

1
2
3
4

Heute bin ich
dankbar

DATUM

___/___/___

1
2
3
4

Heute bin ich
dankbar

DATUM

___/___/___

1
2
3
4

Das hätte diese Woche besser laufen können...

Das war mein Highlight diese Woche...

Heute bin ich dankbar

DATUM
__/__/__

1
2
3
4

Heute bin ich dankbar

DATUM
__/__/__

1
2
3
4

Heute bin ich dankbar

DATUM
__/__/__

1
2
3
4

Heute bin ich dankbar

DATUM
__/__/__

1
2
3
4

Heute bin ich
dankbar

DATUM

___ / ___ / ___

1

2

3

4

Heute bin ich
dankbar

DATUM

___ / ___ / ___

1

2

3

4

Heute bin ich
dankbar

DATUM

___ / ___ / ___

1

2

3

4

Das hätte diese Woche besser laufen können...

Das war mein Highlight diese Woche...

Heute bin ich dankbar

DATUM
__/__/__

1
2
3
4

Heute bin ich dankbar

DATUM
__/__/__

1
2
3
4

Heute bin ich dankbar

DATUM
__/__/__

1
2
3
4

Heute bin ich dankbar

DATUM
__/__/__

1
2
3
4

Heute bin ich dankbar

DATUM

___ / ___ / ___

1

2

3

4

1

2

3

4

Heute bin ich dankbar

DATUM

___ / ___ / ___

Heute bin ich dankbar

DATUM

___ / ___ / ___

1

2

3

4

Das hätte diese Woche besser laufen können...

Das war mein Highlight diese Woche...

Menschen für die ich dankbar bin...

Das macht mich besonders glücklich...

Dieser Spruch bedeutet
viel für mich....

Weil:

Heute bin ich dankbar

DATUM

___/___/___

1
2
3
4

1
2
3
4

Heute bin ich dankbar

DATUM

___/___/___

Heute bin ich dankbar

DATUM

___/___/___

1
2
3
4

1
2
3
4

Heute bin ich dankbar

DATUM

___/___/___

Heute bin ich dankbar

DATUM __/__/__

1
2
3
4

Heute bin ich dankbar

DATUM __/__/__

1
2
3
4

Heute bin ich dankbar

DATUM __/__/__

1
2
3
4

Das hätte diese Woche besser laufen können...

Das war mein Highlight diese Woche...

Heute bin ich
dankbar

DATUM

___/___/___

1
2
3
4

Heute bin ich
dankbar

DATUM

___/___/___

1
2
3
4

Heute bin ich
dankbar

DATUM

___/___/___

1
2
3
4

Heute bin ich
dankbar

DATUM

___/___/___

1
2
3
4

Heute bin ich dankbar

DATUM

__ / __ / __

1
2
3
4

Heute bin ich dankbar

DATUM

__ / __ / __

1
2
3
4

Heute bin ich dankbar

DATUM

__ / __ / __

1
2
3
4

Das hätte diese Woche besser laufen können...

Das war mein Highlight diese Woche...

Heute bin ich
dankbar

DATUM

___/___/___

1
2
3
4

Heute bin ich
dankbar

DATUM

___/___/___

1
2
3
4

Heute bin ich
dankbar

DATUM

___/___/___

1
2
3
4

Heute bin ich
dankbar

DATUM

___/___/___

1
2
3
4

Heute bin ich dankbar

DATUM
___/___/___

1
2
3
4

1
2
3
4

Heute bin ich dankbar

DATUM
___/___/___

Heute bin ich dankbar

DATUM
___/___/___

1
2
3
4

Das hätte diese Woche besser laufen können...

Das war mein Highlight diese Woche...

Heute bin ich dankbar

1

2

3

4

DATUM

___ / ___ / ___

1

2

3

4

Heute bin ich dankbar

DATUM

___ / ___ / ___

Heute bin ich dankbar

1

2

3

4

DATUM

___ / ___ / ___

1

2

3

4

Heute bin ich dankbar

DATUM

___ / ___ / ___

Heute bin ich dankbar

DATUM

__ / __ / __

1

2

3

4

Heute bin ich dankbar

DATUM

__ / __ / __

1

2

3

4

Heute bin ich dankbar

DATUM

__ / __ / __

1

2

3

4

Das hätte diese Woche besser laufen können...

Das war mein Highlight diese Woche...

Menschen für die ich dankbar bin...

Das macht mich besonders glücklich...

Dieser Spruch bedeutet
viel für mich....

Weil:

Heute bin ich dankbar

DATUM

___/___/___

1

2

3

4

Heute bin ich dankbar

DATUM

___/___/___

1

2

3

4

Heute bin ich dankbar

DATUM

___/___/___

1

2

3

4

Heute bin ich dankbar

DATUM

___/___/___

1

2

3

4

Heute bin ich dankbar

DATUM

__/__/__

1
2
3
4

Heute bin ich dankbar

DATUM

__/__/__

1
2
3
4

Heute bin ich dankbar

DATUM

__/__/__

1
2
3
4

Das hätte diese Woche besser laufen können...

Das war mein Highlight diese Woche...

Heute bin ich
dankbar

DATUM

___/___/___

1
2
3
4

Heute bin ich
dankbar

DATUM

___/___/___

1
2
3
4

Heute bin ich
dankbar

DATUM

___/___/___

1
2
3
4

Heute bin ich
dankbar

DATUM

___/___/___

1
2
3
4

Heute bin ich dankbar

DATUM
__ / __ / __

1
2
3
4

Heute bin ich dankbar

DATUM
__ / __ / __

1
2
3
4

Heute bin ich dankbar

DATUM
__ / __ / __

1
2
3
4

Das hätte diese Woche besser laufen können...

Das war mein Highlight diese Woche...

Heute bin ich dankbar

DATUM
__/__/__

1
2
3
4

Heute bin ich dankbar

DATUM
__/__/__

1
2
3
4

Heute bin ich dankbar

DATUM
__/__/__

1
2
3
4

Heute bin ich dankbar

DATUM
__/__/__

1
2
3
4

Heute bin ich dankbar

DATUM
__ / __ / __

1
2
3
4

Heute bin ich dankbar

DATUM
__ / __ / __

1
2
3
4

Heute bin ich dankbar

DATUM
__ / __ / __

1
2
3
4

Das hätte diese Woche besser laufen können...

Das war mein Highlight diese Woche...

Heute bin ich dankbar

DATUM __/__/__

1
2
3
4

Heute bin ich dankbar

DATUM __/__/__

1
2
3
4

Heute bin ich dankbar

DATUM __/__/__

1
2
3
4

Heute bin ich dankbar

DATUM __/__/__

1
2
3
4

Heute bin ich dankbar

DATUM
___/___/___

1

2

3

4

Heute bin ich dankbar

DATUM
___/___/___

1

2

3

4

Heute bin ich dankbar

DATUM
___/___/___

1

2

3

4

Das hätte diese Woche besser laufen können...

Das war mein Highlight diese Woche...

Menschen für die ich dankbar bin...

Das macht mich besonders glücklich...

Dieser Spruch bedeutet
viel für mich....

Weil:

Heute bin ich dankbar

DATUM
__/__/__

1

2

3

4

1

2

3

4

Heute bin ich dankbar

DATUM
__/__/__

Heute bin ich dankbar

DATUM
__/__/__

1

2

3

4

1

2

3

4

Heute bin ich dankbar

DATUM
__/__/__

Heute bin ich dankbar

DATUM ___ / ___ / ___

1
2
3
4

1
2
3
4

Heute bin ich dankbar

DATUM ___ / ___ / ___

Heute bin ich dankbar

DATUM ___ / ___ / ___

1
2
3
4

Das hätte diese Woche besser laufen können...

Das war mein Highlight diese Woche...

Heute bin ich dankbar

DATUM

__/__/__

1

2

3

4

Heute bin ich dankbar

DATUM

__/__/__

1

2

3

4

Heute bin ich dankbar

DATUM

__/__/__

1

2

3

4

Heute bin ich dankbar

DATUM

__/__/__

1

2

3

4

Heute bin ich dankbar

DATUM

___ / ___ / ___

1
2
3
4

1
2
3
4

Heute bin ich dankbar

DATUM

___ / ___ / ___

Heute bin ich dankbar

DATUM

___ / ___ / ___

1
2
3
4

Das hätte diese Woche besser laufen können...

Das war mein Highlight diese Woche...

Heute bin ich dankbar

DATUM

__ / __ / __

1
2
3
4

Heute bin ich dankbar

DATUM

__ / __ / __

1
2
3
4

Heute bin ich dankbar

DATUM

__ / __ / __

1
2
3
4

Heute bin ich dankbar

DATUM

__ / __ / __

1
2
3
4

Heute bin ich dankbar

DATUM

___/___/___

1

2

3

4

Heute bin ich dankbar

DATUM

___/___/___

1

2

3

4

Heute bin ich dankbar

DATUM

___/___/___

1

2

3

4

Das hätte diese Woche besser laufen können...

Das war mein Highlight diese Woche...

Heute bin ich dankbar

DATUM
__/__/__

1
2
3
4

Heute bin ich dankbar

DATUM
__/__/__

1
2
3
4

Heute bin ich dankbar

DATUM
__/__/__

1
2
3
4

Heute bin ich dankbar

DATUM
__/__/__

1
2
3
4

Heute bin ich dankbar

DATUM

__/__/__

1
2
3
4

Heute bin ich dankbar

DATUM

__/__/__

1
2
3
4

Heute bin ich dankbar

DATUM

__/__/__

1
2
3
4

Das hätte diese Woche besser laufen können...

Das war mein Highlight diese Woche...

Menschen für die ich dankbar bin...

Das macht mich besonders glücklich...

Dieser Spruch bedeutet
viel für mich....

Weil:

Heute bin ich dankbar

DATUM
__/__/__

1
2
3
4

Heute bin ich dankbar

DATUM
__/__/__

1
2
3
4

Heute bin ich dankbar

DATUM
__/__/__

1
2
3
4

Heute bin ich dankbar

DATUM
__/__/__

1
2
3
4

Heute bin ich dankbar

DATUM
___/___/___

1
2
3
4

1
2
3
4

Heute bin ich dankbar

DATUM
___/___/___

Heute bin ich dankbar

DATUM
___/___/___

1
2
3
4

Das hätte diese Woche besser laufen können...

Das war mein Highlight diese Woche...

Heute bin ich dankbar

DATUM
__/__/__

1
2
3
4

Heute bin ich dankbar

DATUM
__/__/__

1
2
3
4

Heute bin ich dankbar

DATUM
__/__/__

1
2
3
4

Heute bin ich dankbar

DATUM
__/__/__

1
2
3
4

Heute bin ich dankbar

1
2
3
4

DATUM
___/___/___

Heute bin ich dankbar

1
2
3
4

DATUM
___/___/___

Heute bin ich dankbar

1
2
3
4

DATUM
___/___/___

Das hätte diese Woche besser laufen können...

Das war mein Highlight diese Woche...

Heute bin ich dankbar

DATUM

___/___/___

1
2
3
4

Heute bin ich dankbar

DATUM

___/___/___

1
2
3
4

Heute bin ich dankbar

DATUM

___/___/___

1
2
3
4

Heute bin ich dankbar

DATUM

___/___/___

1
2
3
4

Heute bin ich dankbar

DATUM

___/___/___

1

2

3

4

Heute bin ich dankbar

DATUM

___/___/___

1

2

3

4

Heute bin ich dankbar

DATUM

___/___/___

1

2

3

4

Das hätte diese Woche besser laufen können...

Das war mein Highlight diese Woche...

Heute bin ich dankbar

DATUM
___/___/___

1
2
3
4

Heute bin ich dankbar

DATUM
___/___/___

1
2
3
4

Heute bin ich dankbar

DATUM
___/___/___

1
2
3
4

Heute bin ich dankbar

DATUM
___/___/___

1
2
3
4

Heute bin ich dankbar

DATUM
___/___/___

1
2
3
4

Heute bin ich dankbar

DATUM
___/___/___

1
2
3
4

Heute bin ich dankbar

DATUM
___/___/___

1
2
3
4

Das hätte diese Woche besser laufen können...

Das war mein Highlight diese Woche...

Menschen für die ich dankbar bin...

Das macht mich besonders glücklich...

Dieser Spruch bedeutet
viel für mich....

Weil:

Heute bin ich dankbar

DATUM

___/___/___

1

2

3

4

1

2

3

4

Heute bin ich dankbar

DATUM

___/___/___

Heute bin ich dankbar

DATUM

___/___/___

1

2

3

4

1

2

3

4

Heute bin ich dankbar

DATUM

___/___/___

Heute bin ich dankbar

DATUM
___ / ___ / ___

1
2
3
4

1
2
3
4

Heute bin ich dankbar

DATUM
___ / ___ / ___

Heute bin ich dankbar

DATUM
___ / ___ / ___

1
2
3
4

Das hätte diese Woche besser laufen können...

Das war mein Highlight diese Woche...

Heute bin ich
dankbar

DATUM
__/__/__

1
2
3
4

Heute bin ich
dankbar

DATUM
__/__/__

1
2
3
4

Heute bin ich
dankbar

DATUM
__/__/__

1
2
3
4

Heute bin ich
dankbar

DATUM
__/__/__

1
2
3
4

Heute bin ich dankbar

DATUM

___ / ___ / ___

1
2
3
4

Heute bin ich dankbar

DATUM

___ / ___ / ___

1
2
3
4

Heute bin ich dankbar

DATUM

___ / ___ / ___

1
2
3
4

Das hätte diese Woche besser laufen können...

Das war mein Highlight diese Woche...

Heute bin ich dankbar

DATUM

__ / __ / __

1
2
3
4

Heute bin ich dankbar

DATUM

__ / __ / __

1
2
3
4

Heute bin ich dankbar

DATUM

__ / __ / __

1
2
3
4

Heute bin ich dankbar

DATUM

__ / __ / __

1
2
3
4

Heute bin ich dankbar

DATUM

___ / ___ / ___

1

2

3

4

Heute bin ich dankbar

DATUM

___ / ___ / ___

1

2

3

4

Heute bin ich dankbar

DATUM

___ / ___ / ___

1

2

3

4

Das hätte diese Woche besser laufen können...

Das war mein Highlight diese Woche...

Heute bin ich dankbar

DATUM
__ / __ / __

1
2
3
4

1
2
3
4

Heute bin ich dankbar

DATUM
__ / __ / __

Heute bin ich dankbar

DATUM
__ / __ / __

1
2
3
4

1
2
3
4

Heute bin ich dankbar

DATUM
__ / __ / __

Heute bin ich dankbar

DATUM
__ / __ / __

1
2
3
4

Heute bin ich dankbar

DATUM
__ / __ / __

1
2
3
4

Heute bin ich dankbar

DATUM
__ / __ / __

1
2
3
4

Das hätte diese Woche besser laufen können...

Das war mein Highlight diese Woche...

Menschen für die ich dankbar bin...

Das macht mich besonders glücklich...

Dieser Spruch bedeutet
viel für mich....

Weil:

Heute bin ich dankbar

DATUM
__/__/__

1
2
3
4

1
2
3
4

Heute bin ich dankbar

DATUM
__/__/__

Heute bin ich dankbar

DATUM
__/__/__

1
2
3
4

1
2
3
4

Heute bin ich dankbar

DATUM
__/__/__

Heute bin ich dankbar

1
2
3
4

DATUM
___ / ___ / ___

1
2
3
4

Heute bin ich dankbar

DATUM
___ / ___ / ___

Heute bin ich dankbar

1
2
3
4

DATUM
___ / ___ / ___

Das hätte diese Woche besser laufen können...

Das war mein Highlight diese Woche...

Heute bin ich dankbar

DATUM

__/__/__

1
2
3
4

1
2
3
4

Heute bin ich dankbar

DATUM

__/__/__

Heute bin ich dankbar

DATUM

__/__/__

1
2
3
4

1
2
3
4

Heute bin ich dankbar

DATUM

__/__/__

Heute bin ich dankbar

DATUM
__/__/__

1
2
3
4

Heute bin ich dankbar

DATUM
__/__/__

1
2
3
4

Heute bin ich dankbar

DATUM
__/__/__

1
2
3
4

Das hätte diese Woche besser laufen können...

Das war mein Highlight diese Woche...

Heute bin ich dankbar

DATUM
___/___/___

1
2
3
4

Heute bin ich dankbar

DATUM
___/___/___

1
2
3
4

Heute bin ich dankbar

DATUM
___/___/___

1
2
3
4

Heute bin ich dankbar

DATUM
___/___/___

1
2
3
4

Heute bin ich dankbar

DATUM

___/___/___

1
2
3
4

1
2
3
4

Heute bin ich dankbar

DATUM

___/___/___

Heute bin ich dankbar

DATUM

___/___/___

1
2
3
4

Das hätte diese Woche besser laufen können...

Das war mein Highlight diese Woche...

Heute bin ich dankbar

DATUM

___/___/___

1
2
3
4

1
2
3
4

Heute bin ich dankbar

DATUM

___/___/___

Heute bin ich dankbar

DATUM

___/___/___

1
2
3
4

1
2
3
4

Heute bin ich dankbar

DATUM

___/___/___

Heute bin ich dankbar

DATUM

__/__/__

1
2
3
4

1
2
3
4

Heute bin ich dankbar

DATUM

__/__/__

Heute bin ich dankbar

DATUM

__/__/__

1
2
3
4

Das hätte diese Woche besser laufen können...

Das war mein Highlight diese Woche...

Menschen für die ich dankbar bin...

Das macht mich besonders glücklich...

Dieser Spruch bedeutet
viel für mich....

Weil:

Heute bin ich dankbar

DATUM __/__/__

1 --
2 --
3 --
4 --

Heute bin ich dankbar

DATUM __/__/__

1 --
2 --
3 --
4 --

Heute bin ich dankbar

DATUM __/__/__

1 --
2 --
3 --
4 --

Heute bin ich dankbar

DATUM __/__/__

1 --
2 --
3 --
4 --

Heute bin ich dankbar

DATUM

__ / __ / __

1

2

3

4

Heute bin ich dankbar

DATUM

__ / __ / __

1

2

3

4

Heute bin ich dankbar

DATUM

__ / __ / __

1

2

3

4

Das hätte diese Woche besser laufen können...

Das war mein Highlight diese Woche...

Heute bin ich dankbar

DATUM ___/___/___

1.
2.
3.
4.

Heute bin ich dankbar

DATUM ___/___/___

1.
2.
3.
4.

Heute bin ich dankbar

DATUM ___/___/___

1.
2.
3.
4.

Heute bin ich dankbar

DATUM ___/___/___

1.
2.
3.
4.

Heute bin ich dankbar

DATUM ___ / ___ / ___

1
2
3
4

Heute bin ich dankbar

DATUM ___ / ___ / ___

1
2
3
4

Heute bin ich dankbar

DATUM ___ / ___ / ___

1
2
3
4

Das hätte diese Woche besser laufen können...

Das war mein Highlight diese Woche...

Heute bin ich
dankbar

DATUM

___/___/___

1

2

3

4

Heute bin ich
dankbar

DATUM

___/___/___

1

2

3

4

Heute bin ich
dankbar

DATUM

___/___/___

1

2

3

4

Heute bin ich
dankbar

DATUM

___/___/___

1

2

3

4

Heute bin ich dankbar

DATUM

__/__/__

1
2
3
4

1
2
3
4

Heute bin ich dankbar

DATUM

__/__/__

Heute bin ich dankbar

DATUM

__/__/__

1
2
3
4

Das hätte diese Woche besser laufen können...

Das war mein Highlight diese Woche...

Heute bin ich dankbar

DATUM

__/__/__

1

2

3

4

Heute bin ich dankbar

DATUM

__/__/__

1

2

3

4

Heute bin ich dankbar

DATUM

__/__/__

1

2

3

4

Heute bin ich dankbar

DATUM

__/__/__

1

2

3

4

Heute bin ich dankbar

DATUM

__ / __ / __

1

2

3

4

1

2

3

4

Heute bin ich dankbar

DATUM

__ / __ / __

Heute bin ich dankbar

DATUM

__ / __ / __

1

2

3

4

Das hätte diese Woche besser laufen können...

Das war mein Highlight diese Woche...

Menschen für die ich dankbar bin...

Das macht mich besonders glücklich...

Dieser Spruch bedeutet
viel für mich....

Weil:

Heute bin ich dankbar

1
2
3
4

DATUM
__/__/__

Heute bin ich dankbar

1
2
3
4

DATUM
__/__/__

Heute bin ich dankbar

1
2
3
4

DATUM
__/__/__

Heute bin ich dankbar

1
2
3
4

DATUM
__/__/__

Heute bin ich dankbar

DATUM
__/__/__

1
2
3
4

1
2
3
4

Heute bin ich dankbar

DATUM
__/__/__

Heute bin ich dankbar

DATUM
__/__/__

1
2
3
4

Das hätte diese Woche besser laufen können...

Das war mein Highlight diese Woche...

Heute bin ich dankbar

DATUM
__/__/__

1
2
3
4

1
2
3
4

Heute bin ich dankbar

DATUM
__/__/__

Heute bin ich dankbar

DATUM
__/__/__

1
2
3
4

1
2
3
4

Heute bin ich dankbar

DATUM
__/__/__

Heute bin ich dankbar

DATUM
__ / __ / __

1
2
3
4

1
2
3
4

Heute bin ich dankbar

DATUM
__ / __ / __

Heute bin ich dankbar

DATUM
__ / __ / __

1
2
3
4

Das hätte diese Woche besser laufen können...

Das war mein Highlight diese Woche...

Heute bin ich dankbar

DATUM

__/__/__

1

2

3

4

1

2

3

4

Heute bin ich dankbar

DATUM

__/__/__

Heute bin ich dankbar

DATUM

__/__/__

1

2

3

4

1

2

3

4

Heute bin ich dankbar

DATUM

__/__/__

Heute bin ich dankbar

DATUM
___/___/___

1
2
3
4

Heute bin ich dankbar

DATUM
___/___/___

1
2
3
4

Heute bin ich dankbar

DATUM
___/___/___

1
2
3
4

Das hätte diese Woche besser laufen können...

Das war mein Highlight diese Woche...

Heute bin ich dankbar

1
2
3
4

DATUM

___/___/___

Heute bin ich dankbar

1
2
3
4

DATUM

___/___/___

Heute bin ich dankbar

1
2
3
4

DATUM

___/___/___

Heute bin ich dankbar

1
2
3
4

DATUM

___/___/___

Heute bin ich dankbar

1

2

3

4

DATUM

___ / ___ / ___

1

2

3

4

Heute bin ich dankbar

DATUM

___ / ___ / ___

Heute bin ich dankbar

1

2

3

4

DATUM

___ / ___ / ___

Das hätte diese Woche besser laufen können...

Das war mein Highlight diese Woche...

Menschen für die ich dankbar bin...

Das macht mich besonders glücklich...

Dieser Spruch bedeutet
viel für mich....

Weil:

Heute bin ich dankbar

DATUM
___/___/___

1
2
3
4

1
2
3
4

Heute bin ich dankbar

DATUM
___/___/___

Heute bin ich dankbar

DATUM
___/___/___

1
2
3
4

1
2
3
4

Heute bin ich dankbar

DATUM
___/___/___

Heute bin ich dankbar

DATUM

___/___/___

1

2

3

4

Heute bin ich dankbar

DATUM

___/___/___

1

2

3

4

Heute bin ich dankbar

DATUM

___/___/___

1

2

3

4

Das hätte diese Woche besser laufen können...

Das war mein Highlight diese Woche...

Heute bin ich dankbar

DATUM

___ / ___ / ___

1

2

3

4

Heute bin ich dankbar

DATUM

___ / ___ / ___

1

2

3

4

Heute bin ich dankbar

DATUM

___ / ___ / ___

1

2

3

4

Heute bin ich dankbar

DATUM

___ / ___ / ___

1

2

3

4

Heute bin ich
dankbar

DATUM

___/___/___

1

2

3

4

1

2

3

4

Heute bin ich
dankbar

DATUM

___/___/___

Heute bin ich
dankbar

DATUM

___/___/___

1

2

3

4

Das hätte diese Woche besser laufen können...

Das war mein Highlight diese Woche...

Heute bin ich
dankbar

DATUM
___/___/___

1
2
3
4

1
2
3
4

Heute bin ich
dankbar

DATUM
___/___/___

Heute bin ich
dankbar

DATUM
___/___/___

1
2
3
4

1
2
3
4

Heute bin ich
dankbar

DATUM
___/___/___

Heute bin ich dankbar

DATUM
__/__/__

1
2
3
4

Heute bin ich dankbar

DATUM
__/__/__

1
2
3
4

Heute bin ich dankbar

DATUM
__/__/__

1
2
3
4

Das hätte diese Woche besser laufen können...

Das war mein Highlight diese Woche...

Heute bin ich dankbar

DATUM

__/__/__

1

2

3

4

Heute bin ich dankbar

DATUM

__/__/__

1

2

3

4

Heute bin ich dankbar

DATUM

__/__/__

1

2

3

4

Heute bin ich dankbar

DATUM

__/__/__

1

2

3

4

Heute bin ich dankbar

DATUM

___/___/___

1
2
3
4

1
2
3
4

Heute bin ich dankbar

DATUM

___/___/___

Heute bin ich dankbar

DATUM

___/___/___

1
2
3
4

Das hätte diese Woche besser laufen können...

Das war mein Highlight diese Woche...